차병헌 시집

스미지 않는 삶

너와 나
그리고 우리
서로 다른 길
스미지 않는 우리

따뜻한 글
바른 마음
열어가는
오늘

이글을

내 딸 소은이

내 아들 혁주

내 아내 윤경

그리고 고인이 되신 부모님과

누이들에게 바친다.

왜 쓰려고 했던고 !

글을 쓰기 시작하여 첫 시집이라고 책자를 선보인지 많은 세월이 흘렀다.

생각에는 내 삶의 주기에 맞추어 내 생각을 글로 표현하고 싶었다.

그러나
읽어주는 이 없는 글들이 너무나 안쓰러워 달리 생각을 하였다.

내 살아가는 날에, 뭔가 특별한 날에 내 생각들을 글로 만들어 책자가 나오면, 그래도 읽어주는 이 있겠지 하는 생각…

그 생각이…
그 계획이…
그 인생이…

내가 살아가는 무수한 날들 중에 뭔가 특별한 날에
또 하나의 책자를 만들어 봐야겠다고 생각을 했지만,
그런 특별한 날은 그렇게 쉽게 찾아오지 않았다.
그저 그런 하루하루가 반복되고, 번복되고 쳇바퀴 같은

삶의 연속…

그렇게 지나간 세월이
육십이 다가오면서 더 이상 기다릴 수 없게 만들었다.

편운 조병화 시인님이 살아 계실 때 써주셨던 축문을
이제 펴보이게 되었고,
그동안 써내려왔던 글들이 비로소 빛을 보게 되었다.

특별한 날을 기다리다, 기다리다…
특별한 날이라는 게 다른 모든 이들이 겪는
나이 예순한 살이 특별한 날이 되고 말았다.

그저 평범한 삶, 결코 타인에게 스며들지 않는 삶.

2016년 1월

율원 차 병 헌 쓰다.

축문(祝文)

개성(個性)을 사는 길

이번 출판하는 차병헌 시인의 시는 이러한 시로부터 출발을 하고 있습니다.

봄이 봄인 까닭은
새순의 부드러움이 있기 때문이요
여름이 여름인 까닭은
매미의 제한된 생이 있기 때문이요
가을이 가을인 까닭은
낙엽의 사각거리는 소리가 있기 때문이요
겨울이 겨울인 까닭은
하얀 눈의 냉정함이 있기 때문일 것이외다.

하면
내가 나인 까닭은
오직 내가 생각할 수 있다는 것
내 방식으로
누가 생각할 수도 없는 그 무엇을
그걸 위안삼아 살고 있는 지금.

—〈자화상 1〉 전문

인생을 살아가는 모습은 실로 수천, 수만 갈래, 이루 말할 수 없이 여러 가지 인생스타일이 있지만, 가장 자기가 자기대로 자기를 사는 것은 자기의 타고나온 개성(個性)을 사는 겁니다. 이 개성을 살아가는 것이 가장 소중한 자기 인생이 아닐 수 없습니다.

특히 시에 있어서는. 시 뿐이겠습니까, 모든 예술행위가 다 그렇습니다. 뚜렷한 개성이 그 예술을 빛나게 하는 것이며, 예술의 속성이 또한 그러하기도 합니다.

그러하기에 이 시인의 작품을 훑어보면, 그의 특이한 생활 경험에서, 특이한 관찰로서, 특이한 사고로서, 특이한 표현을 하면서 그의 문장이 또한 그렇습니다.

주먹만 한 나무 팽이와
채찍질쯤이야
너끈히 견딜 수 있을 만큼
야무진 검은 땅 위에

때려 치고 때려 쳐
비틀거리는 것을 세우는
땀방울이 이마에 맺힐 때

형형색색의 팽이들
땅위에 홀로서고
찬바람 가르는 채찍소리가
돌리는 아픔으로 다가오는

우뚝 서야 할 팽이는
내 자신 구석구석 다듬어
매끄럽게 홀로서야 할
똑같은 운명.

—〈팽이를 돌리는〉 전문

이 시 역시, 깊은 자기성찰로 이루어진 깊은 사색에서 우러나온 작품이 아닐 수 없습니다.

이렇게 이 시인은 자기 자신의 운명적 인생을 깊이 철학하면서 자기의 개성적인 시를 자기 내면의 세계에서 끄집어 올리고 있습니다.

이러한 것은 의업(醫業)을 생업으로 하면서 자기의 인생을 보다 자기답게, 자기 철학으로, 보다 가치 있는 정신생활을 살아가려는 인간다운 인간의 인생을 사는 보람된 인생이라고 생각하면서, 이러한 인생을 같이 살아가는 한 사람으로 마음 든든하게 동반자(同伴者)적인 우정을 느끼곤 합니다.

앞으로 대성하길 바랍니다.

1999. 9. 24.

추석날 안성 편운재(片雲齋)에서

조 병 화

차 례

제3부 마음의 보석

제4부 스쳐간 봄 · 여름 · 가을 · 겨울들

제1부

내 안으로 숨어 들어온 길

유년의 색깔

노랑과 분홍의 원초적 색깔이
촌스럽고 어색스럽게 다가왔던
유년의 기억들
노랑치마, 빨간 바지

그 촌티 나는 색상들이
고뇌와 고통으로 얼룩진 건물과
잿빛 창공에 비집고 들어선 강인함으로
그저 샛강 둑에 막대기처럼 세워져
매연, 먼지 겹겹이 덧쓰고
유년의 색깔을 걸치고 있다

그저 그렇게 모양새 없이도
자기를 개나리 진달래라
부르게 하고
본능적 화려함으로
봄이라
은연중에 보이고 있다

말할 줄 아는 우리에게
짧은 이 봄을
되묻는
짧고 짧은 눈부심

내 안으로 숨어 들어온 길

그러니까
짜증나던 길
비오면 무르지 못해 푹푹 빠지던
흙탕길

바퀴자국 패어진데 고인 흙탕물
요리조리 피해서
누군가 먼저 밟고 간 자리
밟아도 빠지지 않을 만한 자리
깨금발 딛고서
폴짝폴짝 뛰어 지나갔던 길

그러니까
짜증나던 길
허나, 한 무더기 흙덩이 신발짝에 달라붙어
그걸 털어내며
정들었던 길

가끔 씻겨 진 돌부리에 걸려 넘어지면
흉하게 내 무릎 깎아 먹던 길
그렇게 깨금발 딛고서 커나 온
여리고 순했던 길

지금은 볼 수 없지만
비가와도 만나볼 수 없지만
이제 깊이
내 안으로 숨어 들어온 길

가고 싶은 길

어느 때인지도 모르지만
찾는 이 없고 찾을 시간도 아닌
문득 떠나고 싶었던
작대기 하나 꺾어들고
접어들던 고갯마루 시작은

풋보리 짚불에 노랑, 노랑 구워
들꽃 입술 사이 피워
괜한 나비, 벌 꼬셔보고,
일렬로 지나는 개미를
죽치고 앉아 겁 없이 짓밟던
칡뿌리 씹어 뱉어내던 길

이름 모를 방죽이 널찍하게 나와
내 사는 땅 끝인 줄
저 너머엔 아무도 살지 않는
결코 가보지도 못할 땅이려니 했던
어리디 어린 막연한 생각

아무도 만날 수 없었던 그 길
지나온 흔적들 그대로
내 오줌도 말없이 스며 안아주고

무심히 지나는 나를 지켜보던
다시 집으로 돌아올 수 있었던 그 길

누구에게도 말하고 싶지 않은
지금은 어디로 가야 만날 수 있을까도
맨 처음 시작이 어딘지도 모른
버나 번 유년이 흐르는 그 길

흙냄새

꿈틀거리는 창밖 풍경이
멀리서부터 그리워질 때
땅이 하늘에 이어 끝 가는 줄 모르고
풀어진 햇살에 부풀어 오른
흙을 탐할 수 있는 곳

졸음에 겨운 침 흘리는 송아지와
괜스레 쪼아대는 닭 부리에
땅의 훈김 바지자락에 묻어오고,
고르게 빗은 밭이랑 사이
시새움하듯 누렁이 바람을 타면
훠이훠이 쫓는 수건 질근 동여맨
아낙의 숨결이 봄바람에 비벼대며
위로, 위로 춤사위 올리는 곳

힘에 겨운 워낭 소리와
농부의 담배연기 흙먼지에 묻혀 둑길 흔들고
푸른 보리밭 사이사이로 기어 나온 땅의 생명들,
물수제비 뜨던 방죽과
물결 짓는 뒷동산을 함께 깨우고
옷고름 풀어 제치고
기지개 켜는 흙의 노래들

흔들거리는 뒷동산과
불끈불끈 일어선
아지랑이 춤추는
흙냄새 풍기는 그 곳

봄을 먹는 소리

삐져나오는 소쿠리와
무디기 만한 칼날로
이른 봄 밥상을 채워 주었던
쑥 캐던 누이들은

푸른 기운으로 솟구치는
마냥 들떠 있는 뒷동산을
디뎌 밟으면서
아지랑이 피어오르게 만들고

포대기 밑으로 빠져나온
통통한 아기 다리가
개미와 입맞춤 하는 것도 모르고
넉넉한 봄 햇살 등에 지고
이른 봄날을 사냥해 가던 누이들은

이제는
숱한 옛이야기의 하나로만
남아 있을 법한
쑥 나물 이파리에 열려 있는
뒷동산과 들녘들이

애닯은 삶과 함께
아련히 피어오르는
향긋한 봄을 먹는 소리

멍석 위의 별님들

멍석 위의 둥그런 밥상으로
초대하지도 않은 여름날 별자리들은
저마다 찬거리로
우리 가족에게 다가와
가물가물 웃음을 건네주던

눈에 띈 별이
수억 년 전에 떠난 빛이라는
도저히 믿기지 않는
여름날의 별자리는,
그 크기가 지구만 하다는 데도
어떻게 설명되지 않는
뿌려놓은 듯 촘촘함의
하늘나라 이야기는

넓고 넓은 지구 - 내가 사는 이 고장-
멍석 위의 둥그런 밥상으로 찾아와
조그마한 사기그릇에 따놓고
젓가락으로 집어 깨물던
멀고 먼 별님들 사랑 가득

달무리

달무리 지는 밤이면
까닭모를 슬픔이 내려오는 것은
은은한 은빛 고요가
휘감겨 오는
창백한 어둠 때문일까

더욱이 빗물 머금은 검은 구름으로
숨어들라치면
지는 반쪽의 달빛그늘이 가져다주는
허전한 마음. -내일 비가 오리라는-

넓은 들판에 우뚝 선 소나무 숲만
어둡게 얼룩져 내린
호롱불만 깜박이는
구멍 난 창으로 들여다보는
달무리 진 들녘은

끊겨진 산골에서나 볼 수 있을 것 같은
달빛 평정 속으로 젖어드는 한(恨)과
서럽고도 황홀한 수채화
누구도 그려낼 수 없는 지난날

목가적인 소리

알록달록 무늬 몸살은 제쳐두고
머리 위에 얹은 살아 있는 관(冠)은
움직일 때마다 좌우로 물결치는
장닭의 위용으로
날카로운 부리와 발톱 못지않고

이른 새벽의 질서를 호령하듯
한번 내뱉는 소리로
게으름을 걷어치우며
낡은 초가지붕을 넘고 울타리 지나
사이 길도 뚫고
널따란 들판으로 휘몰아쳐

외딴 농가 사립문도 거침없이 밀치고
엷디엷은 한지를 파르르 떨리는
수탉의 아침을 여는 소리가
한없이 정겹게 들려오는
안개 뒤덮인 농촌은

더 먼저 일어나 농기구 손질하는
농부의 헛기침 소리와
아낙의 물 긷는 소리로 시작되는

농촌의 아침을
성스럽고도 목가적인 색채로
물들이는 소리

다시 듣고 싶은 소리

다시 들어보고 싶은 소리
꿈같이 흐릿한 지난 어린 날
다듬이 소리, 엿장수 가위소리, 기적 소리
두부장수 종소리, 워낭 소리, 예배당 종소리

두부장수 종소리가 몰고 오는 아침은
희뿌연 한 아침 짓는 연기와 함께 오고
모두들 일터로 나간
게으른 기운이 울타리와 지붕에 배일 때
들려오는 다듬이 소리, 먼 동구 밖 엿장수 가위소리
느긋한 오후 햇살을 튕겨낼 때
어설픈 졸음이 뒷산 넘어 달아나고
한 짐 진 피곤한 어미 소의 워낭 소리가
붉게 지는 석양에 섞어들면
오늘도 어김없이 하루가 가는 소리

놋그릇을 달구는 가족들의 하루 이야기
가끔 피식거리며 타오르는 호롱불 소리
까아만 밤하늘에 걸릴 때
하루가 지는 소리

찌든 가난

거울 하나로
어렵사리 뚫고 들어온
햇빛 한 줄기
문구멍 난 창호지 사이로
억지로 집어넣어

그 찌든 가난과 청승을
녹여 버리려고
요리조리 돌려 비추어보던
아침나절의 궁상맞은 거울은

한나절 방안 가득 쏟아져 들어오는
그 엄청난 햇살은
다 내 집안 것이 아닌 것으로
남김없이 거두어져 가는 석양 무렵

맞받을 햇살도 하나 없이
쓸모없게 된 손바닥만한 거울 하나가
또다시 내일을 약속해 보듯
내일의 아침을 가다린 채
찌든 가난과 함께 흐른 세월들

함석지붕

후두둑거리는 함석지붕은
실제 오는 빗방울의 무게보다
삶의 무게를 더한 소리로 울리고
떨어져 내리는 낙숫물은
시커멓게 함지박 가득 채우고
틈새로 하늘을 보던
방벽을 흉물스럽게 젖어들게 한
알게 모르게 구멍 난 함석지붕은

바람에 짓이겨 휘청거릴 땐
날아갈 것 같은 떨림으로
감은 눈에 그려진 새까만 세상으로
빨려 들어가게 한
불안한 함석지붕은
한여름이면 바싹 달구어져
땀방울도 식혀주지 못했던
그런 어설픈 함석지붕은

눈 오는 밤이면 넉넉한 지붕들처럼
안아주지도 못하고
미끄러져 내리는
가난한 함석지붕은

유년에 묻어둔 녹슨 함석지붕은
난 크면 절대,
함석지붕 밑에서 살지 않으리라 했던
초라한 함석지붕은

장독대

커다란 능선으로 몸뚱이 하늘을 담고
작은 구릉으로 고추잠자리 쉬게 하던
옹기가족들의 두런거리는 소리가
우리 누나 해질녘 쓰다듬는 손길에
하루가 숨어들고

장맛을 울어내는 의젓한 옹기가
된장 품은 항아리를 내려다보고
땅속에 고개만 내민 김칫독은
가마니로 목도리를 대신하고,
떨어진 꼬막 껍질과 공기놀이 자갈들이
재잘거리듯 피어난 채송화와 함께
뒷마당 한가운데 자리한 장독대는

우리 집 살림살이 꽉 차고
사열 받는 군인처럼 반듯하게 앉아
흙먼지 앉기 무섭게
우리 어머님 손끝 머무는,
뜨거운 햇님도 흔연히 대해 주고
하얀 눈 품어 앉고 한해를 마감하던
사철 변함없이 자연을 안은 장독대는

우리 집안의 전부가
녹아들어 있던 곳
키 큰 옥수수 유일한 그늘로
그 말없고 외로운 뒷마당
지켜낸 장독대는

제2부

스미지 않는 삶

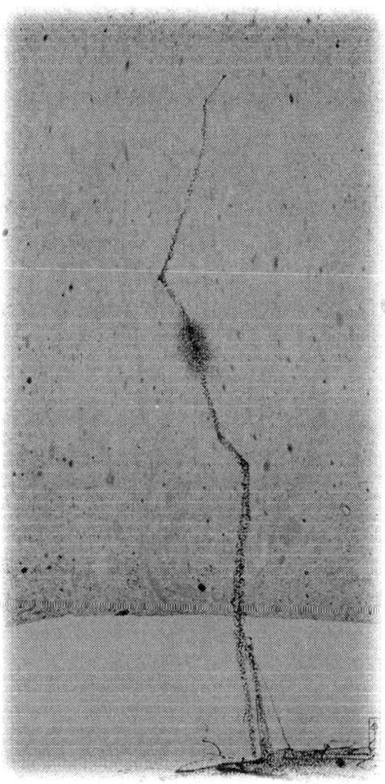

개 천

지난여름 담겨진 흔적 찾으려
온 동네 꼬마들 모여들며
시작되는 개천은

나의 땀방울도
몸 안 구석구석 찌든 때도
뭉게구름과 플라타너스 잎사귀도 끌어들여
풀벌레 소리로 흥을 돋우면
송사리 모래무치 덩달아 살찌던
한낮의 실개천의 그리움은

두꺼비 불러대던 모래집을 짓밟고
귀물 받아내던 달구어진 자갈
물수제비 뜬 개천으로 잠기고
먼지 나는 신작로를 절룩거리며
고무신 한 짝에 송사리 끌고 들어온
한낮의 실개천의 그리움은

성큼성큼 지나가는 나를 잡아당기고
눈감으면 훤히 지나는 개천이
가위눌려 허우적거리며 깨어나는
그 꿈이 주는 것은

굴렁쇠

누구누구 발자국 다 묻어오고
이 동네 저 동네 애닮은 삶만
묻어져 묻혀서
저 곳간 한구석 채우고 녹슬어가던
녹슨 철딱지 덕지덕지 떨어져 나갈 때

삶의 편린들이라는 것을 모르고 몰랐던
철없던 철부지 시절
빨리 어른이 되어보았으면
저 담배연기 그릴 수 있고
팔짱끼고 나눌 짝도 있으련만 했던
그 어리디 어린 시절

그 굴렁쇠 돌리며 달린
울퉁불퉁 돌멩이 자갈들이
삶의 좌절로 알지 못하고
뛰었던 그 길
온 동네 얘기만 끌고 왔음 다였던가,
그것이 인생인 줄 왜 몰랐던고

또르르 굴러 곳간 한구석을
빙그르르 돌고 돌리며

가라앉던 그 굴렁쇠의 여운이
육십여 년 동안 굴러온 지친 나를
깨운다. -어지럽도록 출렁거리며-

그 하늘 그날까지

그 몇 해 전만 해도
하늘이 기분 좋으면
먹구름 모아, 모아 손짓하여 불러 모아
빗물 떨어뜨려
이 마음 저 마음 차분하게 가라앉히고
촉촉한 땅 온갖 먼지 거둬들인 뒤
햇빛 가득 내려 쪼이면
저쪽 산모퉁이에서 이편 산모퉁이까지
아니면 저 산허리에서 강 너머 둑까지
반원의 일곱 색깔
물들이고 서서

디뎌 밟아볼 마음 일구던
환한 웃음 모든 얼굴에 그리고
누구나 볼 수 있었던
아 참, 더 기분 좋으면
짝 잃은 무지개 외롭다고
쌍무지개라고
하나 더 덤으로 얹어 주었던 적도 있었지

그런 자연의 풍요로움이
거짓말처럼 없어진 지금

여태 한 번도 본 적이 없어
누구 붙잡고 왜냐고 물어볼 수도 없는
뿌연 하늘만큼이나 어두운데

수년 수십 년 세월이 걸린다 해도
그 작은 물방울 하나하나 닦고 닦아
햇빛에 비추어
맑디맑은 빨, 주, 노, 초, 파, 남, 보.
걸릴 그 하늘
그날까지

외면하는 고향은

등지고 떠나버린 고향은
이미 내 존재를 아랑곳하지 않고
그 나름대로 변해
누구에게도 책임을 물을 수 없는
낯선 이방인으로 서 있게 하고

고향과 부대끼며 함께 한 연배들이
살찌운 그 자리에
비집고 들어가려는, 굴러들어온 돌로
눈치 받는 사람으로 변해 있고

일 년 한두 번 내려가는
고향은
해 갈수록

낯선 풍경들이, 들어선 집들과 도로들이
한판 멋들어지게 어울러져 버린
그 누구 시큰둥한 표정을 보이지 않는데도
철저히 외면당하고 있는 것 같은
저 만큼 앞서간 고향이
뒤돌아 곁눈질만 하고 있을 뿐

절룩거리는 세상

누구의 한(恨)을 먹고서
저리도 슬프디 슬픈 모습으로
이 세상을 걷고 있느뇨.

멸시와 조소와 냉대를 머금고
우둑 선 의연한 모습을
보이려는 진실함으로
이 세상을 걷고 있으려니

누구의 독기 잘못 스며들어
남들 하는 뜀박질도 못하면서
측은한 마음을 속으로 삼켜가며
홀로 서려는 강인함으로
이 세상을 헤쳐 나가려니

전생의 무슨 잘못이
동아줄 감듯 사로잡아
저 한 몸 무섭디무섭게 꼬이어
이 生을
풀려고, 풀려고 발버둥 치느뇨.

홀로 설 그날이
그대 마음에 있음이려니

오늘의 시작

오늘도 이 한 몸 싣고 갈 버스를 기다리며
한강 둔치의 푸르름과
희뿌연 한 안개 속에 잠든 한강이
아침 햇살에 은비늘로 벗겨지며
그렇게 다가온다.

사철 보는 한강은
매일 매일 벗겨지면서도
덤덤한 표정으로 시작하고
핏물 지으며 함부로 흩날릴 때는
괜한 마음도
흩어져 나부끼는 마음으로 다듬기 바쁜

육신의 비늘이 벗겨져 나가는
한없이 떨어져 내리는 것도 모르고
사철 보는 한강이
은비늘로 벗겨지면서
그렇게 죽어만 가고 있는 것처럼
생각이 드는 것은

내면을 읽을 줄 모르는
짧은 생각

뒷모습

나의 뒷모습을
내가 볼 수 있다면
그 지나온 흔적들이
어떤 식으로 붙어 있을까

비오는 저녁 가로등 불빛 아래
벗겨진 한 사나이의 축 쳐진 어깻죽지와
이 험한 세상을 비켜가듯 비틀거리며 걷는
아니면, 혼자 마시고 혼미해진 양

또 하나의 어둠속으로 숨어 들어갈 때까지
머문 그 짧은 시간
그 사내는
오늘 하루 무엇을 깨닫고
어느 것 하나 건져내
그 무엇을 가족에게 이야기해줄까

나의 뒷모습을
누가 훔쳐보고 나로 인해
그 무엇을 생각하고 있을는지
부질없는 시간이라 탓할지라도
나의 뒷모습을
스스로 생각해 보고 싶어

세 월

세월은 가는 게 아니라
떠밀어 보내지더이다.
결혼 삼십 주년의 축하전화가 그러하고
아들딸 무겁다 무거워진 육신이
집안을 독차지하고
나를 밀치고 들어오더이다.

세월은 흐르는 게 아니라
흘러 보내지더이다.
얼굴의 잔주름과 떨어진 기력이
추위에 몸서리 쳐지는
육신을 감싸는 한 겹의 옷이
나를 덮치며 이야기하더이다.

세월이라는 것은 그냥 거기 있는데
우리가 그걸 걸어 지나가는 것인데도
왜 이리 세월이 빨리 가느냐고
탓하고만 있더이다.
한 무더기씩 퍼 보내면서도
벌써 그믐달이 뜨느냐고 묻더이다.

보내고, 보내고
떠 보내고 흘러 보내진 세월은
내가 다 걸어가며 보내진 것임을
나 모르더이다.

팽이를 돌리는

주먹만 한 나무 팽이와
채찍질쯤이야
너끈히 견딜 수 있을 만큼
야무진 검은 땅 위에

때려 치고 때려 쳐
비틀거리는 것을 세우는
땀방울이 이마에 맺힐 때

형형색색의 팽이들
땅위에 홀로서고
찬바람 가르는 채찍소리가
돌리는 아픔으로 다가오는

우뚝 서야 할 팽이는
내 자신 구석구석 다듬어
매끄럽게 홀로서야 할
똑같은 운명

마음속의 눈물

눈물을 참는다는 것이
얼마나 가슴을 미어지게 한다는 것을

펑펑 울어
달래줄 그대 품이 있다면야
닦아줄 그대 손이 있다면야
개운한 맘으로 일어설 수 있겠지만

혼자서 삼켜야 할
한(恨)의 응어리들이
피눈물 되어 굳어져버린
누구도 깨뜨릴 수 없는 쌓인 종양으로

오장육부를 깎아먹고 쑤셔대며
흩어져버린 삶을
추스를 겨를도 없이
불러대는 저 세상은

눈물을 참는다는 것이
얼마나 가슴을 멍들게 한다는 것을

망자(亡者), 그 위를 떠도는 슬픔

'죽은 사람만 불쌍한 거'…
'산사람은 어떻게라도 살아'…
'살아볼 만한께 갔구먼'…
'언젠가는 한번 죽을 목숨들 아닌가'…
살고 죽음이 자연의 흐름으로
거침없이 시작되는 죽음은

더욱이 혼자일 때만
그의 지나온 생(生)이
유독 처량한 것만이 청승맞게 그려져
진한 떨림이
눈물 한 방울로 대신해 맺힐 때

그 망자(亡者)를 망각한 너와 나는
그 삶을 미루어
조심해야겠다는
하나의 경각심 그 자체가
망자(亡者)를 다시 한 번 끄집어내어 볼 뿐

가는 시간에 묻혀버리는 슬픔은
너무나 단순하다는 걸
눈감은 그 순간부터 망자(亡者)는 모르리.

슬픔에 겨운 자들이
몇이나 될까를 헤아리는 것은 부질없는 일

망자(亡者),
그 위를 떠도는 민숭민숭한 슬픔

스밀 듯이 스밀 듯이 스미지 않는 삶

지독히도 외로울 때
정말 누군가 말로만 겉치레하는
외로움을 달래줄 때
감겨 올라오는 진한 떨림

피를 나눈 형제의 정도
살 섞은 부부의 인륜(人倫)도
처절히 허물어져 내리는
아무도 함께할 수 없는 외로움은

나누지도, 보태지도, 덜어내지도 못할
내 맘속 깊은 외로움을
맑은 이슬방울로
훤히 비쳐 보이는 마음 하나 다가왔으면

흐린 날

우중충한 구름들로
시야가 밝지 않는 날이 되면
가라앉는 기분으로
어슴푸레 젖어드는
기쁠 것도 예쁠 것도 없는 잡념들이
흐려지는 구름 따라 사이사이 변하고

꼬리를 무는 생각들이
일순간 천하를 얻었다가
추락한 추한 몰골로 다가서고
벽돌 쌓아 올리다 밀쳐 내버리는
숨기고 싶은 지난일도 덩달아
우울해진 하루를 끌고 가는 흐린 날은

훌훌 털고 일어서도 따라잡는
그런 망상들도 가끔씩은 음미하고픈
그런 흐린 날은

이 순간이 주는 의미는

건성으로 보내어진
빨리 어른이 되고 싶다는
부질없는 시간들까지 포함해서
오늘의 나를 만들었을 거다

지금 주어진 시간 하나하나가
연속선상에 놓여져
나의 삶이라
이름 지어질 먼 훗날

이 순간을 헛되이 보내고 싶지 않은
그 많은 것들 중에
부끄러움이 없는 삶으로
내비치어질 수 있다면

지나보면 생각조차 나지 않을 순간들이
또 나를 기다리고 있다는 걸
이 순간에 무엇을
깨달아야 하는가를 생각해 보고 싶은

바람이 분다.

저 밑바닥부터 훑어 오르는 바람이
가라앉힌 마음을 들먹거린다.
눈감으면 보이는 저 어두운 내 길이
이러지도 저러지도 못하는 못난 나를
가볍게 여겨 헤집고 내팽개친다.

그 알 수 없는 자손심을
이쪽에서 건들고 저쪽에서 넘나보며
에워싸는 싸늘함이
주눅 들게 만드는 것 이상으로
똬리 틀게 만든다.

이것들을 둘로 쪼개고 나아갈 길이
나에겐 없는 것일까
바람이 분다.
어렵사리 가라앉힌 마음속으로

자화상 • 1

봄이 봄인 까닭은
새순의 부드러움이 있기 때문이요
여름이 여름인 까닭은
매미의 제한된 생이 있기 때문이요
가을이 가을인 까닭은
낙엽의 사각거리는 소리가 있기 때문이요
겨울이 겨울인 까닭은
하얀 눈의 냉정함이 있기 때문일 것이외다.

하면
내가 나인 까닭은
오직 내가 생각할 수 있다는 것
내 방식으로
누가 생각할 수도 없는 그 무엇을
그걸 위안삼아 살고 있는 지금

자화상 • 2

내 삶에서
유년을 지우고
내 고향을 빼내면
남는 것이 무엇일까

키우려는 꿈이
제대로 옮겨지지 않음이
자꾸 나를 어린 시절로
뒷걸음치게 하는 것일까

그럼 내 유년과 고향은
삶에 지친 나를
파묻히게 만드는 은둔처일까
보듬어 주는 휴식처일까

날아가 버린 유년과 고향은
갈증에 미쳐버릴 지경에 빠진
혼란스런 뜨거운 모래밭을 걷는
고독한 방랑자처럼 만들 것인가

다시 펴보일망정 접고 접어
보이지 않을 정도로 접은 유년과 고향을

호주머니에 접어 넣고
또 걸어야 할
내 삶은
나에게 무엇으로 다가오고 있는가!

자화상 • 3

떨어지는 동전 한 닢 소리
유난히 크게 와 닿는
골목길 한 끝 구멍가게보다 못한
진료실에 앉아
환자가 건네준
눈에 선한 대가가
무슨 동정 받는 봄짓으로 다가와
서럽다

일원, 이원을 셈하는 진료비 명세서에
인술을 베풀 수 없는
배고픔으로 젖어들고
상술이 앞서는 듯한
별의별 비보험 조항들을
코걸이 걸 듯 걸고
고가장비와 의료기 같지 않은 것들이
처치실을 짓밟는
너저분한 흔적들이
우습다

오지도 않는 환자를 기다리며
먼지 쌓이는 의료기구는 제쳐두고

이십여 년 배워온 의술이
좀먹어 가는
졸리고 지겨운 오후

아직도 '의술은 인술'이라고 보는 세상에
바람 든 무처럼 겉만 반지르르한
오르는 월급도, 뛰는 집세도
따라잡지 못하는 보험수가로
벙어리 냉가슴 앓듯 소곤거리는
만나기만 하면 목청 돋우는
못난 너를
가라앉을 대로 가라앉은
의욕 잃은 모습들을 들여다본다.

전화 끊기는 날
나,
조용히 그 품안으로 휩쓸려 묻혔다고
알아주오.
저 밀려드는 개보험의 침묵 속으로

제3부

마음의 보석

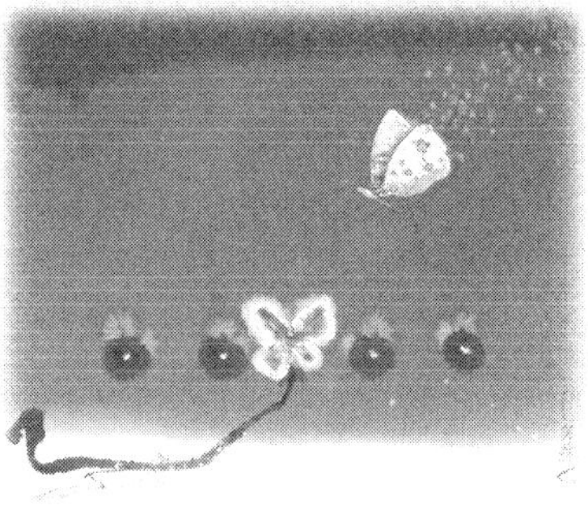

정화수

희읍스름한 빛들이
황토볏짚으로 빚어 만든
흙 담 속으로 빨려들어
사물들이 어른거릴 때
부뚜막 아궁이 가마솥단지 사이
조왕신 받든 정화수는
정성으로 또다시 방울방울 길어 올려
어머님 비는 마음
나지막이 땅위에 깔리면

사철 변함없던
어머님의 소원은
고만고만한 자식들 키웠던 정
우리가 먹고 자란 아름다운 마음

사철 변함없던
어머님의 손길은
우리 오누이 보살피던 힘
오늘의 우리를 있게 해준 큰 사랑

내 딸, 학교 가는 길

책가방에 숨겨져 숨바꼭질하듯
보이지도 않는 꼬맹이는
검은 단발머리 휘날리며
앞만 보고 걷는 것이
무슨 생각인들 하고
학교에 가는 것일까

뒤를 몰래 밟고 가 보아도
손등 덮는 윗도리와 바지자락 땅을 스치고
간혹 흘러내린 머리카락
손가락이 나비되어 앉았다 가는
어떤 꿈 키우려고
학교에 가는 것일까

몸뚱이 말없이 커나가고
좁은 마음이 조끔씩
열려질 수 있는 길
해찰도 하지 않고
긴장되어 가는 것이 분명한
오늘도, 학교 가는 길

책가방에 숨겨져 숨바꼭질하듯
보이지도 않는 꼬맹이는
검은 단발머리 한 올 한 올
귀여움으로 가득하고
너울너울 춤추는 책가방과
오늘도, 학교 가는 길

내 아들

눈은 엄마 눈을 닮고
눈썹은 어쩜 아빠 눈썹일까

어디 눈과 눈썹에만 이를 것인가
수줍은 성격도 아빠, 엄마
구석구석까지 빼닮아
발표 한번 할라치면
입안의 침도 말라붙고
금세 얼굴에 열리는 빠알간 볼은

순진한 웃음으로 차라리
이 세상 헤쳐 나갔으면

콧날은 지 외할머니 것 빼어오고
도톰한 입술은 친할머니 것 훔쳐내어

보이지 않는 정으로 흐르는 손자 사랑은
응석받이로 엉덩이 토닥거려 주면
지 몸살에 힘이 겨운 할머니는
숨을 몰아 내쉬고
내 성(姓)을 이어나갈
지아비를 더욱 더 닮은 아들은

가득한 사랑으로 언제나
이 세상 걸어 나갔으면

철없는 아내

살아온 세월에 씻겨 내린
머쓱 머쓱함은
서로의 자리를 이해하지 못하고
당연히 그 자리에 있는 것으로 내비치어
무디어져 가는 서로가
희미한 정으로 옭아매어

당신의 기억 층층이
나라는 사람 빼내어 간다 해도
꿈쩍도 안할
허물어져 내리지도 않을 것 같은
무심함으로 다가와

'시계 추 같은 사람'으로
'출장 한번 다녀보는 사람'으로
단 하루라도 저녁식사를 준비하지 않는
그런 여유로움을 소망하는
네가 있음에 내가 있음을 깨닫지 못하는
항상, 철없는 아내는

나에 대한 그리움을 깨닫는 날은
이미 늦는다는 것을,

각인된 세월의 골을
알게 모르게 채워주어야 할
사철, 철없는 아내는

달걀 비빔밥

누런 꼭지뚜껑 달린 놋그릇
하얀 김 오르는 쌀밥 속에
둥지 틀고 들어선 달걀노른자

휘익 휘익 휘저어
까만 간장 섞어 넣어
보름 남짓 앓던 몸을
덥게 해주던

하얀 쌀밥에
포옥 밀려나와 노랗게 물들여
입맛을 당겨주던
'식으면 비린내 난다이~'

감기 몸살에 끙끙대던 하루를
유년의 어머님 맛을
본떠 만든 듯 아내의 목소리
'식으면 비린내 나요'…

앓으면 마음이 약해지는 걸까
유년의 그 맛, 그 소리 그대로
속으로 젖어드는 그리 맑지 못한
하늘엔 아무 것도 걸려 있지 않는 밤

텁텁한 사랑

수년의 세월을 우리 가족 목줄 적셔주던
찌그러질 대로 찌그러진
울퉁불퉁 양은주전자에
막걸리자국 마치 침 흘려 말라붙은 것처럼
칠칠치 못하게 그려져 있고

휘이익 젓는 젓가락에 엉겨 붙은 거품은
아버님 몸속으로 젖어 들어간
막걸리 한 사발 여운처럼 영글고

불그스레한 흥이 말 자락 속에 숨어들면
웃음이 얼굴에 와 번지고
쓰다듬는 뒷머리가 간질거리고
품안에는 안아 들지 못하고
여윈 무릎에 엉덩이 대고 앉을라치면

어색스런 가슴속으로
흐르는
아버님의 텁텁한 사랑

낮잠 사랑

진한 낮잠 속에서 깨어나
밑도 끝도 없이 학교가야 한다고 울던
그 수렁 속에서 걸어 나올라치면
웃어 반기던 환한 얼굴
우리 가족들

지금 둘러보아도
보려고, 보려고 발버둥 쳐보아도
그 목소리 들으려 해도 들리지 않는
부모님과 누이들이

지금 이 순간이 그리도 중요한 줄을 생각해보는
근심 걱정 해주는 목소리가
웃음과 울음을 같이할 수 있다는
서로 멀리 있지만 가까이 갈 수 있다는 위안으로

우연한 낮잠 속에서 깨어나 둘러볼 때
보이는 환한 얼굴, 목소리가 있을 때
그 행복을 소중히 담아보는 곤한 낮잠

빛바랜 사진

유년의 어느 순간이 자리한
봉함엽서 크기 빛바랜 흑백사진
구겨진 자리 흠집투성인 채로 다가와,
누이들과
장독대를 배경으로
순간이 영원으로 남은
어느 때인지 확실히 모를
흐릿한 기억 속으로

무의미하게 찍히고 찍어준
어린 시절이
잡힐 듯 말 듯 내 혼자만의 것들보다
더 정확히 옛일을 보여주는
뿔뿔이 가정을 가지고
제 삶을 살아가는
형제자매들의
느슨해진 끈을 팽팽히 당기며

등 두들기고 허벅지 때리며
또 한 번의 정을 느끼게 해주는
그 숱한 세월 중 한해라는 묶음의
어느 정월 초하루

빨래터

나뭇가지 간지럽게 늘어진
그늘 아래 빨랫돌 몇 개
배어든 땟물 주무르고
찌든 옷가지를 비벼대며
말간 시냇물에 씻겨 보내던
누이와 어머님의 고른 숨결도
실개천 물결 속에 섞여들어 가던 곳

빨래 두들기는 소리
한없이 높아져 푸른 하늘 닿으면
멍든 구름 쏟아질 것 같은 날
울 누나 마음에 살얼음 지는 날
어머님 걱정이 쌓일 대로 쌓인 날
누이와 어머님의 깊은 한숨도
실개천 흐름 속에 녹아들어 가던 곳

빨랫감 헹구는 소리
내 종아리에 살랑거릴 땐
소금쟁이 몇 마리와 송사리가
검정 고무신에 옮겨 와 있고
누나 머리 위에 얹힌 눈부신 옷가지들과
손바닥 간질이는 물방개가

오누이 정을 새록새록 키워주던 곳

그곳을 어이 또 보오리이까?

첫사랑

분홍빛 젖무덤 비쳐보이던
여린 첫사랑은
훔쳐본 달님만이 간직했을
풋사랑의 깨어나는 아픔으로
가슴으로 묻어 놓았을 것이외다.

골목길 진한 입맞춤도
빨아 먹어버린 초승달만이
순한 첫사랑의 마음을 달래려고
차고지는 자연의 섭리를
함께 하였을 것이외다.

은빛 고요한 달빛 사랑은
아침 햇살에 소리 없이
밀려
맑은 풀잎 이슬로
되살아났을 것이외다.

하나가 된다는 것

점액질의 구순이 맞닿으면
흐르는 감정이
불끈불끈 힘줄 곳에 적당한 힘을 주어
합(合)을 이루어 내고
파고드는 혀 놀림에 육신의 꼬임이
대금 타고 흐르는 소리로
새어져 나오고

부딪히는 젖무덤의 부드러움은
닭살 오르듯 올라붙은 살갗을
파고들어
하나로 뭉쳐져
후끈한 열기 몸을 감싸고돌면
깊은 물길 흐르는 소리로
넘쳐 나오고

조각난 사랑들이 앞 다투어
하나가 된다는 것

칠십 평의 공간 사랑

십 오년 세월을 혼자서 지킨
직육면체 밀폐된 공간이
하루 열 시간 남짓
사정없이 압박해 오는 속박감으로
터질 것 같은 마음은

나도 한번 하루를 돌고 도는
세상을 만나고 싶건만
그렇게 얽매인 하루가
변함없이 똑같은 양상으로
쳇바퀴 돌 듯한

어찌 보면 생활의 터를 일군
책상, 의자, 수술기구, 문짝 손잡이 하나
내 손길 닿지 않은 것 없는
정으로 다가오는 이 공간에
침묵처럼 흐른 세월

이미 저질러 버린 나의 길이기에
탓하고 원망할 수도 없는
이 의사라는 직업은
내 마음과 손에서 자꾸만

멀어져가려는 괴리감으로

안쓰러워 보듬어 보고 싶은
칠십 평의 공간 사랑

제4부

스쳐간
봄 · 여름 · 가을 · 겨울들

꽃샘추위

틈새라고 생긴 곳에
시샘 내는 바람이
쑤셔대고 들어오는
다문 입 꽉 다물게 하는
질기디 질긴 바람으로 감겨와

입춘, 우수, 경칩 다 지나도록
시샘하는 추위가
쉬이 가버린 한 묶음의 계절을
꽁무니 잡고 싶어서일까
변화의 무게와 한판 힘겨루기일까

어느 것이라 해도
눈곱만치도 변할 게 없는 주변과
쓰다 만 안일함과 게으름을 날려 보내고
시샘과 맞서는 나무처럼
나란히 어깨를 맞대고
뭔가, 저질러 볼 수 있는 봄을….

봄 비

봄비가
두껍디두꺼운 껍질
무르디 무르게 하여
또다시 오는 새로움을 밀치고 밀쳐
그걸 바라보는 나에게
봄이라 소리치네.
하여, 내 속으로 다가오네.

봄비가
각질층 같은 질긴 땅
사이사이로 스며들어
솟아오르려 고개 내밀고 내미는
숨겨진 생명의 작은 움직임을
봄이라 웃음 짓게 하네.
하여, 내 안으로 안기네.

봄비가 내립니다.

허나, 이 봄도
뺨에 봄비가 스치고
한 무더기 시간들 속으로
그냥 지나칠 모양입니다.

연초록 반란

봄이면 들어가고 움츠려 들고
기어 들어가는 것이 전혀 없는
솟구치는 걸 봄이라 하는가.

봄은
죽은 듯이 가무잡잡한 나무 등걸에도,
엷은 바람에도 가누시도 못하는
나보다 훨씬 더 큰 가지 끝까지
땅 밑 수염뿌리 간지럼으로
물 길어 올려
곳곳에서 새순을 삐져나오게 하여

봄은 꽁꽁 얼어붙은 대지를
비집고 솟구치는 것으로
푹신한 탄력을 주어
연초록의 반란이 시작되는 것

천둥 번개

번쩍 때리는 예리한 섬광보다
뒤따르는 소리에 오금을 못 펴고
미친 듯 넘쳐대는 파도가
쏟아지는 빗줄기를 튕기며
시커먼 세상들을 난무한다.

밖은 누구 하나 보이지 않고
혹시라도 환한 이곳을 덮칠까봐
불 끄고 사분의 일 얼굴로 바라본
현대문명이 어느 한순간도 흉내 못 낼
원초적 공간들을 난도질한다.

달아오른 바람도 번갯불을 휘감고
갈피 못 잡는 빗방울은
괜히 눈앞에 아른거리는
창문을 후려치며
한 발짝 물러서게 만든다.

태고적 광란이 쉬지 않고 펼쳐진
동해 앞바다는
내가 몰래 숨어 본 것도 모르고
천연덕스럽게 붉은 해를 토해내고
여름 한나절 잔 파장으로 다독거린다.

매미의 유혹

여름이 여름다울라치면
우리 귀를 파고들어
가슴 찡하게 흔드는
한 시절 삶을 지워 나가는
매미의 유혹이 있어야한다.

노을 지는 황혼녘이 아쉬워
외쳐대는 그 소리에도
분명 아침을 여는 노래와는 다른
또 하루를 버리는
애잔함이 묻어있으리.

까만 시간으로 응집되어 태어난 매미는
이 여름을 운치 있게 하여
시원함을 사람들에게 뿌려 주지만
유독 나에겐
진한 감동으로 이야기 되어지는

여름의 짧은 토막을
또 잘게 토막 내어
처절하게
울면서 왔다가
빈 껍질로 사라져만 갈 뿐

부채 사랑

기름 먹인 왕 부채와
찢겨진 상호가 너덜거리는
대나무살 부러진 부채를 비웃듯
식구들 몫으로 챙겨진 부채는
수제비 쑤던 여름을 지켜보고

부채 바람
어버이 정으로 옮겨오면
옹기종기 모인 저녁밥상에
칭얼대던 더위를 식혀주고
날벌레 모기떼까지 살려 보내주던
삼베이불 속까지 고실고실하게 해준
몸에 배인 부채 사랑은

선풍기 에어컨 바람에 익숙해진 자식들에게
전혀 어울리지 않는 부채 사랑을
속 모르는 아내에게까지
불러 모아 보지만

부채 사랑을 먹고 자란
부채 하나
동그마니 내 여름 속에
녹아있습니다.

기차 여행

철길이 끝이 없이 뻗어
만날 것 같은 한 점에서
내 생애 첫 기차여행은 시작되리라

삼십여 년 전 증기기관차는 '뽀오욱' 소리로 온 읍내를 들쑤셔 놓고
한번 타보고 싶었던 소박한 꿈. 타고 어데 갈 데도 없는, 친척들이 거의 모여 살았던,
꿈이 고작 그것이냐고 핀잔 받을까봐 흔연히 하면서도
뒷동산에 올라 힐끔힐끔 훔쳐보던, 하얀 구름 만들어 대고 지나던 모습

삼십여 년 전 증기기관차는 객지로 떠난 형님 졸업식에, 검은 교복으로 멋을 내고 검은 중절모자 한복으로 차려입은 어버이 손잡고
새벽기차로 타보고 싶었던 그 소망 이루어졌던, 윙윙 우는 굴을 지날라치면 급하게 닫는 유리문 사이로 검댕이 날아오고
좁은 통로 지나는 사탕과 오징어와 사이다가 유난히도 다가와

처음 타 보았다는 그것 하나로
유별나게 기억나는
호남선 완행열차는

달구어진 땡볕으로
철길이 휘둘리면서
멀리서 오는 기적소리로 끝이 나리라

이 가을
중앙, 태백과 영동선을 따라
어느 시골 간이역까지
덜커덩거리는 삶에
부대껴 보리라

창호지 문

조석으로 긴 소매 옷이 그리워지면
일 년 묵은 누르스름한 창호지가
손때 묻은 곳과
침에 눌려 엄지만한 구멍이
간혹, 짜깁기되어진
격자문에서 발가벗겨지는 날

쌓인 먼지 털어내고
그마저 께름칙하면 씻어내
지난해 흔적들을
샅샅이 지워내고
풀 먹인 하얀 한지로
오는 가을을 맞이하면

소리 없이 다가온 가을볕은
팽팽한 창호지에 열리고
매끈하게 치장한 가을이
마루 위에 자리 잡아

단풍잎과 은행잎으로
창호지 사이 끼운
붉게 익어가는 가을이

백열전등에 걸려

한지 바른 안방에
훈훈한 정 넘쳐
터질 듯한 '탱탱'한 가을 소리로
찬 서리 녹이려 드는 곳

늦가을 햇살에 담겨진

가을이 저만치 갈라치면
늦가을 햇볕이 그리워
담에 영그는 가을을
눈여겨본다.

가을 내내 볕 바른 돌담에
서너 개씩 묶인 팔뚝만한 무는
햇볕을 머금고
서늘한 공기까지를 심호흡하여

축 늘어진 잎사귀는 둘째 치고
알맞게 휘청거리는 원숙함으로
가을을 적당히 저장한다.

노란 찌꺼기 속으로 옮겨진 가을은
어머님의 손맛과 함께
켜켜이 눌러 간직되어
더 이상 가을이 보이지 않을 때

성숙된 노오란 단무지로 탈바꿈하여
한입 깨물면
서늘한 가을이 상큼하게 흘러나오는

어미님의 정이 새록새록 돋아나는

늦가을 햇살이
뒤 돌담에 걸려 있는
아무 것도 걸려 있지 않은 지금

호롱불

한 손아귀에 잡힐 정도로
깜찍한 하얀 종지
뚜껑 열어 심지를 조절하여
나를 밝히면
알게 모르게 내뿜는 한숨에
그걸 아는 양 어른거리는 호롱불

진하디 진한 삶의 바람 속에
어느 여인의 한 서려 홀로 지내는 매서움과
어느 농부의 숨 막힐 듯 절규와
알 수 없는 이 세상 번민들로
짓이겨져
호롱불을 넘볼라치면

연약함으로도 그 모든 걸
감싸 안으려 발버둥치는 흔들거림으로
다가와 밝혀주는
호롱불의 부드러움은!

겨울 바다

사랑의 열정이
차가운 바다를 찾아들게 한
텅 빈 모래밭이 겨울을 말해주듯
지나간 타인들의 흔적들이
휴지 조각되어 쳐 박혀 있던
겨울 바다는

외로움을 충동질하는
무서운 정적과 널름거리는 바다가
홀로 선 나를 힐끔거리고

깊디깊은 옛일을 길어 올리는 나에게
모래 밟는 소리까지도 들리는 듯한
침묵의 겨울 바다는
하늘 맞닿은 곳에서
내 서 있는 모래밭까지
아무런 존재를 의식하지 않은 채

사랑의 열정이
확 트인 바다를 찾아들게 했었던
흘러간 시간에 대한 애착이 떠도는 그 곳

오늘도 완도 명사십리엔
어느 한 구석 추운 공간이 허전한 시간과 함께
출렁이는 파도가
곱디고운 모래알로
세월을 쪼개고
서러움으로 다가올 뿐

노란 속살 고구마

노란 속살
툭 터진 껍질 비집고
배시시 눈웃음 짓는

장작불 지핀 길모퉁이 손수레
순진한 웃음과 함께 찬 공기 데우면
코 끝 간질이는 겨울 익히는 냄새
입 한 바퀴 돌린 침이
꿈틀거리는 손에 전해져
집히는 종이돈

노란 속살
툭 터진 껍질 비집고
배시시 눈웃음 짓는

농부의 눈물겨운 가을걷이를
추한 사건으로 얼룩진 신문지에 싸서
뿌린 만큼 거두는 힘든 농촌을 모르는
자식은
맛있다며 요리조리 돌려
꿀꺽 삼킨다.

근심어린 눈빛으로 들녘을 바라보는,
저무는 햇살 등지고
괭이 걸친 축 늘어진 어깻죽지와
걷어 올린 바지차림으로 키워져 간 시간들이
노란 속살 속에 젖어 있다는 것을
전혀 모르리라.

제5부

스쳐간 그곳

서울 생활

부르지도 않은 서울이
부른 것처럼 올라와
비집고 들어가려고 몸서리친
지내온 만큼 익숙지 못한 세월
개밥의 도토리처럼
유난히도 잘 걸러내는 서울이
저만치 앞서 가고 있다

안주할 그런 아늑한 분위기를
찾고자하는 마음만 바쁘고
짓누르는 압력만이
부어대듯 쌓여만 갈 뿐

부르지도 않은 서울에서
부른 것처럼 지내자니
'송충이 솔잎만 먹고 살아'야 된다는
'뱁새 가랑이 찢어지는 꼴'될까 두려워
헤쳐 나가려 애를 써도
주춧돌부터 세워야하는 서울이
저만치 앞서 가고 있다

임진강

삼십팔도선을 보듬고 나누며
혹은 남과 북을 오르고 내리며
흐르는 듯 마는 듯 물줄기는
천애절벽을 곁눈질하고
흙냄새 풍기는 밭과 논을 훔치며
슬픈 강이 될 줄 모르고
수천 년을 그렇게 흘렀으리라

철책이 휘돌고 기분 나쁜 북녘 소리는
진정한 것이 아닐 것으로 그냥 삭이고
간혹 번뜩이는 초소가
말없이 째려보는 것으로
임진의 물줄기를
춥고, 외롭고, 슬프게 만들고
끊어진 육십여 년 세월을 흐른다.

흐르는 시간에 풀어져버린
어느 누구 손길 닿지 않는
풀로만 덮인 버려진 들녘이
눈치 받을 만한 모습으로 채우고
그저 바람나부랭이에 밀쳐진
버림받은 강으로

교대로 강변을 쳐 내리기만 할 뿐

들어가 건져낼 수 도 없는
갯벌에 녹은 망향의 슬픔이,
어느 쪽에서 흘러 온지도 모르는 지푸라기와
아무 것도 모르는 순진한 농부들의
고운 사철 이야기가 임진 하류에 머물고

우리 땅 허리띠로 앉아
없어지질 않을 그 강물 강줄기 임진은
수억 년 세월의 부침을
어떻게 견디며 흐를 것인가
오늘 내가 본 임진강물은

간송미술관

번쩍이면서도 먼지 가라앉은 도시 가운데
푸른 공기와 녹색 향으로 둘러싸여
요사이 건물 모양새가 아닌
이끼가 담을 타오르려 훔쳐보는
좁고 길게 올라간 유리창이 있고,
삐끄덕 소리가 날망정
아담하고 작은 것도
예스러움으로 격에 어울리는 그곳

그렇게 성북구 성북동 97의 1번지
비탈진 곳에 간송미술관은
자리 잡고 있다

붓글씨와 문인화를 모르는 나에게
누르스름한 한지 속에 교감하는
우리 선조들의 풍류와 열정이
섬세한 손길로
그저 그렇구나 하고 덤벙거리기엔
너무나 멋들어진 여유가
붓끝의 흘림이
홀리게 만드는 그곳

그렇게 성북구 성북동 97의 1번지
비탈진 곳에 선인(先人)들의 예술혼(魂)이, 숨결이
촘촘히 배어져있다

도시의 아침

길들마다 차량들이
차량마다 사람들이
사람들마다 얼굴들이
얼굴들마다 삶의 흔적들이
어느 하나 같을 이 없는
도심의 아침을 채우고 있다

지아비 하루 시작으로
맞물리며 돌아가는 세상에
네가, 내가 그려놓은
자취들이 보이고
앞날의 움직임도 보인다.

지아비 배웅하고 돌아선
지어미는 아침을 설거지하고
지나간 어제를 씻어 내고
내일을 준비하는
가족 사랑으로 머물고

뒤처지지 않으려는 지금
도심의 차량 속에서도

일찍부터 달아오른 아침햇살에서도
지아비, 지어미들의
과열된 삶들을
빠짐없이 비슷비슷 보여주고 있다.

산사의 촛불

한 점 흐느낌으로 타오르는 촛불은
눈물져 매끈한 몸매로
흝어 내리고

살아온 삶이
내 본모습보다 더 크게 자리 잡은
뒷그림자를 볼라치면
그 주위 허상과 욕망들이
분명치 않은 윤곽으로 자욱하고

초췌해진 자신은
그 크기 그대로 있건마는
한 치 뒤 주접을 떨듯 그림자 하나
촛불 흔들거릴 때마다 떨리고
결코 작게 보이지 않게 하려는
일렁이는 촛불은

한 점 부끄러움으로 차오르는 내 마음을
가라앉힌 여윈 몸매로
깊어만 가고

풍경소리

저 처마 끝에 걸려 있는 고기 한 마리는
무슨 사연 담고서 뭍으로 나와 그것도 허공에 달려서
괜히 내 마음을 죄게 만들고
산사의 고요함을 죄다 빨아들여
산등성으로 힘겹게 밀어 올리는고.

올려다보는 풍경은
그저 그런데
무슨 힘으로 나를 움직이는고.

바람 한 점으로 들려오는 소리는
가볍게 움직이면서도
깊고 무겁게 번지는 것은
빛바랜 단청의 대웅전과
이끼 낀 돌탑이 있기에 그러함인고.

수많은 세월에 담금질된
저 풍경의 파르르 떠는 파문이
배시시 미소 짓는 불상으로 와 닿는 교감으로

묵 향

먹빛은
검은 것 중에 진한 검은 것으로
바르르 떠는 화선지 위에
번지는 듯 번지지 않음의
미세한 물결로 파고들어

쓰고자 하는 자세 아는 듯
잘 쓰고자 하는 마음 넘치면
날개깃 모양 층층이 층져 나오고
실한 것 없이 건성이면
무거움 없이 찌들어져 들어앉고

한 획, 한 획
흔들림 없는 것으로 그어질 때
일어서 뛰쳐나올 듯
살아 있는 글씨체로
옮겨지는 마음

정릉원

남들은 가족들과 도란거릴 시간
빈 강의실 의자에
찌든 하루를 달래고 있을 때
걸려든
정릉의 저편을 가로막고 선
검은 장막을 휘든 북악이 거기에 있다

산 능선 따라 하루를 시작하려
눈 비비는 가로등 불빛은
정릉 골짜기 강의실을 보며
읊조리고 있겠지
배우는 것에 원이 맺혔나
이 밤중에 켜진 열기를

그렇게 정릉의 밤은 깊어가고
북악터널을 지나는 시내버스에
옮겨진 강의 내용은
귓가를 맴돌며
내 품은 이상(理想)에 한걸음 내친
북악을 휘감고 도는 어두운 시간

사월 초파일

음력 사월의 산사는
푸르름과 향 내음으로 시작해
보살들의 춥고 무거움 떨쳐버려
넉넉한 마음으로 발길 잦게 만들고,
들려오는 목탁과 독경소리로
온갖 들떠있는 마음을
차분히 가라앉히는

저편으로 인도 하는
붓다의 손길

음력 사월의 산사는
연등 불빛 깜박거리며
중생의 눈에 가 닿을 때
얽힌 속세가
실타래 풀려나가듯
불탑 주위 비벼대는
그윽한 바람은

저편으로 실어 나르는
부드러운 불심(佛心)

어느 카페에서

녹색으로 물 먹인 공간은
알 수 없는 음악으로 꽉 차고
닿는 찐득거림 속에
파묻힌 육신 위로
허공을 맴도는
입술 잃은 담배연기가 어울려지고

억지로 붙어 있는 듯한
조막손만한 젖무덤과
빨간 입술로 돌리는
근질근질 녹여내는
손바닥 사랑이

그게 전부인
그런 분위기 속에서
내려 깔리기만 하는 혼(魂)을
치근덕거린다.

솟대 솟은 집

대나무 깃대에
신(神) 내려 춤추는 빠알간 헝겊과
재수 없이 걸린 비닐봉지가
허스름한 담장과 대문 사이에
솟아 있는 신 들렸다는 집

등짝 오싹할 만한 것 하나 없는데
흔히 보는 접부채와 엽전도
흘러내리는 쌀알도
신 부르는 주문소리도
운명을 가늠 지는 것으로 긴장되어

'동자신(童子神)' 내린 여인은
정말 낭랑한 목소리로 변해
씹어 뱉는 과거가 섬뜩한 것으로
짐짓 맞추지 못한다는 식으로 눈을 맞추면
구들장 깨지는 손바닥 힘으로
참으로 무서운 솟대 솟은 집은

불확실한 내일을 한 짐 안고
튕겨져 나오듯 나온
뒤꽁무니를 간지럽히는

'믿는 마음이 부족해' '조상을 잘 모셔야 혀'…
신들렸다는 집을 처음 가본
꺼림칙하게 만든 솟대 솟은 집은

아랫목이 있는 방

격자무늬 위에 빛바랜 한지
누굴까 엿볼 수 있는 창 있는 방문이
문풍지로 비집고 드는 겨울바람을 막고
꽉 짜 맞추지 못하고 엉성하게
안과 밖을 구별하고

그 방 한편에 놓인 놋쇠화로
쉬이 식을세라 조심스레 다독이는
아버님의 쉰 손마디가
달아오른 부젓가락도 마다 않고
온 가족에 따스함 전해주던 방

아무 것도 모르는 고만고만한 자식들
아랫목 이부자리에
발들만 집어넣고
이불 더 차지하려 티격 대고
한편으론 도란도란 거렸던 곳

달구어진 아랫목이
문득, 그리워지는 겨울
아버님의 쉰 손마디가 눈앞에 보이는 밤

쓰고 나서 남은 게 무엇이었던고?

쓰고 나서 다시 읽어 보니 나의 넋두리인양 비쳐질지도 모른다는 생각이 불현듯 드는 것은 웬일일까? 그만큼 나만의 지난 일들로 그렇게 한정되어 있었는지도 모른다.

지나간 시간에 대한 애착이 유독 나에게만 있어서 그렇게 강열한 것인지 의심스럽지만 분명 그렇지는 않을 것이다. 다들 그럴만한 시간적 여유를 갖지 않아서겠지 라고 위안을 삼아본다.

쓰고 싶은 것들 중에는 초라하고, 비겁하고, 부끄러운 일들도 없지 않아 있었을 터인데 찾아볼 수 없음은 어떤 가식적인 면이 없지 않나 반성해 보기도 한다. 이는 앞으로 스스럼없이 벗겨지게 될 날이 오리라 믿고 있기 때문이다. 꼭 그런 이야기로 우울하게 이끌고 나가는 것보다는 한결 가벼운 마음으로 읽어질 수 있는 글이 더 낫지 않을까 하는 생각이 앞선다.

그런데 왜 이렇게 글들이 깊은 맛이 없는 것일까 의아심을 품을 수도 있을 것이다. 그러나 그 깊은 맛은 어떻게 풀이해보면 글쓴이 혼자만의 것이 되고

주관이 너무 깊게 들어가 난해해진다. 읽는 이들에게 쉽게 접근하고 싶은 나의 생각이 그리고 가벼운 마음으로 공감할 수 있기를 바랄뿐이기에 풀어서 쓰고 또 쓴다. 가벼운 마음으로 읽어낼 수 있는 글이 결코 가벼운 글이 되지 않게 하려 무진 애를 썼으나 어떤 평이 돌아올지 두렵다.

내 유년의 고향과 자연을 내 삶에서 결코 지울 수 없기에 사오십 대 연배들에게는 모두가 기억해 낼 수 있는 고만고만한 이야깃거리들을 표현하고자 하였음이지 그 이상도, 그 이하도 아닌 내 마음의 결정체 들이다. 읽고 또 읽어 '아하…' 하고 맞장구 쳐준다면 그 이상의 값진 일은 없을 것으로 믿는다.

읽어보고서 책장을 덮고 아련히 떠올릴 수 있는 그 나름대로의 유년이 있다면 그리고 자라난 고향을 그릴 수 있다면 난 그걸로 족하고 내가 쓴 글에 고마움을 표할뿐이다.

2016년 정초에

율원 차 병 헌

차 병 헌 시집

스미지 않는 삶

초판인쇄 2016년 1월 10일
초판발행 2016년 1월 18일

지은이 • 차 병 헌
발행인 • 김 유 권
펴낸곳 • 오 늘

주 소 • 서울특별시 구로구 구로동 609-24
한성상가 A동 209호
대표전화 • 02-830-0905
등 록 • 제25100-2011-000061
ISBN • 978-89-969797-3-9

값 10,000원